BEI GRIN MACHT SICH IHR
WISSEN BEZAHLT

Olivia Bühlinger

Systematische Beobachtung eines Kindes mit Deutung

Kindergarten (3 Jahre)

GRIN Verlag

Bibliografische Information der Deutschen Nationalbibliothek:

Die Deutsche Bibliothek verzeichnet diese Publikation in der Deutschen National-bibliografie; detaillierte bibliografische Daten sind im Internet über http://dnb.d-nb.de/ abrufbar.

Dieses Werk sowie alle darin enthaltenen einzelnen Beiträge und Abbildungen sind urheberrechtlich geschützt. Jede Verwertung, die nicht ausdrücklich vom Urheberrechtsschutz zugelassen ist, bedarf der vorherigen Zustimmung des Verla-ges. Das gilt insbesondere für Vervielfältigungen, Bearbeitungen, Übersetzungen, Mikroverfilmungen, Auswertungen durch Datenbanken und für die Einspeicherung und Verarbeitung in elektronische Systeme. Alle Rechte, auch die des auszugsweisen Nachdrucks, der fotomechanischen Wiedergabe (einschließlich Mikrokopie) sowie der Auswertung durch Datenbanken oder ähnliche Einrichtungen, vorbehalten.

Impressum:

Copyright © 2010 GRIN Verlag GmbH
Druck und Bindung: Books on Demand GmbH, Norderstedt Germany
ISBN: 978-3-656-57540-5

Dieses Buch bei GRIN:

http://www.grin.com/de/e-book/266644/systematische-beobachtung-eines-kindes-mit-deutung

GRIN - Your knowledge has value

Der GRIN Verlag publiziert seit 1998 wissenschaftliche Arbeiten von Studenten, Hochschullehrern und anderen Akademikern als eBook und gedrucktes Buch. Die Verlagswebsite www.grin.com ist die ideale Plattform zur Veröffentlichung von Hausarbeiten, Abschlussarbeiten, wissenschaftlichen Aufsätzen, Dissertationen und Fachbüchern.

Besuchen Sie uns im Internet:

http://www.grin.com/

http://www.facebook.com/grincom

http://www.twitter.com/grin_com

Systematische Beobachtung am Donnerstag, den 22. März 2009

Protokollant: C. K.

Name des beobachteten Kindes: L.

Alter des Kindes zum Zeitpunkt der Beobachtung: 3 Jahre

Beobachtungszeitraum: 08:30 Uhr bis 08:40 Uhr

Dauer der Beobachtung: 10 Minuten

Ort der Beobachtung: Im Freispielraum nahe der Bauecke auf dem Teppich

Beobachtungsart: verdeckte, nicht teilnehmende Beobachtung

Beobachtungsanlass: Entwicklungsstand des Kindes

Situation (in der beobachtet wurde): L. puzzelt mit I. im Freispiel

Äußere Merkmale des Kindes

L. ist für ihr alter entsprechend groß, und gepflegt gekleidet. Sie hat braune
Augen, blonde Haare und hat eine gerade Haltung.

Beschreibung der Situation

L. und I. wollen aus der Bauecke heraus, woraufhin L. ein Puzzle findet und I.
dafür begeistert.

Das Tierpuzzle mit 64 Teilen wird von beiden gemeinsam ausgeleert. L. erklärt I.
(4 Jahre), dass sie die Puzzelteile raus sammeln müsse woraufhin beide
anfangen die Puzzelteile herauszusammeln. I. braucht hierbei noch etwas Hilfe,
da sie anfangs nicht versteht was die Randteile und die Ecken sind. L. erklärt
anschließend I. was die Randteile sind. Sie sammeln gemeinsam die Randteile
und die Eckteile und machen den Rest des Puzzles wieder in die Schachtel.
Gemeinsam fangen sie an den Rand zu puzzeln. Hierbei suchen beide, welche
Teile zusammen gehören. L. sagt z.B. „Guck mal! Hier sind die Zebra-Teile!"

1

Plötzlich fängt im Gang (Gardarobe) an Musik zu laufen woraufhin L. richtung Gang rennt und I. weiter puzzelt. L. schaut eine Weile den größeren Kindern zu, die zu einem Lied mit Hulahup-Reifen „tanzen". Anschließend läuft L. wieder zurück zu I. und sagt: „Komm schnell mit! „Das singende Känguru" kommt! Das singt mein Papa immer! " Beide rennen heraus und werden durch die Musik vom Tierpuzzle abgelenkt. Als eine Erzieherin kommt, gehen beide wieder zu ihrem Puzzle und machen weiter, wobei sie über die Lieder reden und ein bisschen mitsingen.

L. kommt während des puzzeln öfters und fragt: „Caro!! Hilfst du uns?" und sagt: „Caro das hält nicht!!".

Nachdem ich ihr ein paar Tipps gebe machen sie gemeinsam weiter. L. und I. sprechen sich während dem puzzeln ab. L. sagt z.B. : „I., ich mach die Seite und due die andere."

Während des puzzeln zeigt L. auf den Gorilla und sagt: „Waurm schreit der?" Beide überlegen warum. L. überlegt: „Vielleicht hat jemand ihn angrifft oder ihm tut etwas weh?!"

Öfters sagt sie auch „Caro ich bin bald fertig." Als sie später fertig sind mit puzzeln kommt L. mit I. zu mir und sagt: „Komm Caro! Schau unser puzzle an. Guck der Gorilla ist von mir! Der Gorilla ist bei mir! " Als ich frage was da alle für Tiere auf dem Tierpuzzle sind, beschreiben sie mir lebhaft die Tiere.

Deutung

Motorisches Verhalten:

L. ist motorisch für ihr Alter sehr weit. Sie hat eine gute Körperbeherrschung und arbeitet bei Grob- und Feinmotorischen arbeiten sehr zügig. Auch in der Spielsituation hat sie kein Problem die Puzzelteile aneinander zu machen und arbeitet über einen längeren Zeitraum sehr präzise.

Sozialverhalten:

Sie ist sehr aufgeschlossen und spielt gerne mit allen Kindern. Hierbei erzählt sie auch gern und viel von zu Hause, wie z.B. beim puzzeln: „Das singende Känguruh" kommt! Das singt mein Papa immer!".

L. ist hilfsbereit und aufgeschlossen gegenüber den anderen Kindern, wie z.B. in der Situation als sie anfangs I. erklärt, was Rand- und Eckteile sind. L. zeigt sich in der Gruppe und gegenüber anderen sehr Initiativ und hat gute Einfälle, die von anderen auch gerne angenommen werden wie z.B. als sie I. vorschlägt zu puzzeln oder als sie I. holt und beide gemeinsam in den Gang gehen um zu sehen, woher die Musik kommt.

Außerdem nimmt sie auch gerne die Hilfe eines Erziehers in Anspruch und geht auf dessen Vorschläge ein, wie z.B. als sie öfters um Hilfe fragt „Caro!! Hilfst du uns?" und sagt: „Caro das hält nicht!!"

L. nimmt selbständig Kontakt mit den anderen Kindern auf, geht auf sie zu, redet mit ihnen, ist kontaktfreudig (auch gegenüber den Erzieherinnen) und kommt gut mit den Kindern aus.

Psychisches Verhalten:

L. ist sehr selbstsicher und geht gut auf andere Kinder zu. Außerdem ist sie selbstbewusst und mutig! Sie ist meistens fröhlich und antriebsstark, kann aber auch sehr launisch sein, wenn einmal etwas nicht „nach ihrer Nase geht". In diesen Bereichen hat sie sich jedoch in letzter Zeit verbessert.

Außerdem ist L. sehr interessiert und neugierig wie z.B. als sie die Musik hört und erst mal schauen möchte, woher die Musik kommt und was die anderen machen. Hierbei ist sie jedoch leicht ablenkbar, was aber in der Situation auch sehr viele Kinder des Kindergartens waren.

Spielverhalten:

Sie beschäftigt sich gerne mit allen Spielsachen und kann sich auch über längeren Zeitraum sehr gut konzentrieren. Spiele die sie anfängt, werden in der Regel von ihr auch zu Ende gespielt.

Lernverhalten:

L. kann sich –wie oben erwähnt- sehr gut über einen längeren Zeitraum konzentrieren und hat auch, wenn sie etwas angefangen hat, über einen längeren Zeitraum Interesse an den angefangenen Sachen (z.B. Malarbeiten, Steckspiele, Puzzle,…) Außerdem probiert sie gern neues aus, ist Interessiert und geht dabei auch auf Impulse des Erziehers ein, wendet diese an und führt diese dann auch kontinuierlich aus wie z.B. als ich ihr, nachdem sie mich gefragt hat, Tipps beim Puzzeln gegeben habe.

Sprachverhalten:

L. hat für ihr Alter einen sehr ausgeprägten Wortschatz, redet sehr viel wie z.B. mit I. beim puzzeln. Wenn ich sie etwas frage, wie z.B. nach dem puzzeln, beschreibt und erzählt sie gerne, gibt Impulse für ein weiteres Gespräch, zeigt Interesse und fragt viel.

Beurteilung

L. ist für ihr alter, was ihr motorisches, kognitives und sprachliches Verhalten angeht, sehr weit. Außerdem kann sie sehr gut logisch denken, zeigt sich interessiert und beteiligt sich auch bei Gruppenarbeiten sehr gut. In der Gruppe sollte sie jedoch lernen, auf andere Rücklicht zu nehmen und die Meinungen anderer Kinder zu beachten, was sich jedoch schon ziemlich verbessert hat. Aufgrund ihrer großen Neugierde und Interesse, sollte sie aufpassen, dass sie sich nicht zu leicht von anderen Dingen ablenken lässt.